DU BIST DA
und du bist wunderschön

Eine Geschichte von Evelyne Faye
Illustrationen von Birgit Lang

DU BIST DA – und du bist wunderschön

ISBN 978-3-00-047276-3

2. Auflage, 2015

Alle Rechte vorbehalten.

© 2014 dubistda Verlag

Text: Evelyne Faye
Illustrationen: Birgit Lang
Design und Umschlaggestaltung*: Jo Jacobs
* unter Verwendung von Illustrationen von Birgit Lang

dubistda Verlag, Breite Str. 3, 21220 Seevetal
Druck: Pro BUSINESS digital printing Deutschland GmbH, Schwedenstr. 14, 13357 Berlin

www.dubistda.net

Für dich, Emma Lou

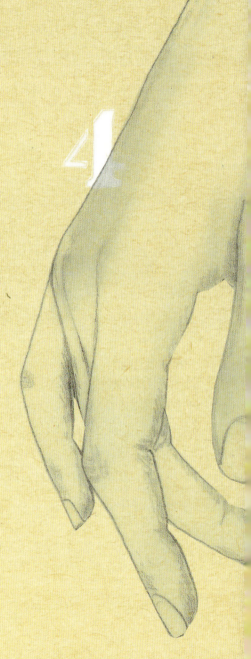

1 2 3 4

Als ich im Bauch meiner Mama war,
lief alles wunderbar!
Sie achtete sehr auf sich
und fühlte sich wohl.
Sie und mein Papa freuten sich,
ein Mädchen zu erwarten.
Sie strahlten die ganze Zeit. 9 Monate lang!

Meine Mama hat sich vieles gewünscht, während sie auf mich gewartet hat: Sie hat sich gewünscht, dass ich die ozeanblauen Augen meines Papas bekomme, die sie so sehr liebt!

M eine
Mama hat sich gewünscht, dass ich schöne,
geschmeidige Haare und zarte Hände und Füße
bekomme wie eine Prinzessin!

Meine Mama hat sich gewünscht, dass ich klug werde, damit ich jeden Beruf ausüben kann, den ich will.

Mein Papa hat sich gewünscht, dass ich von Anfang an nachts gut schlafe, damit er Fußball und Tatort schauen kann.

Mein Papa hat sich gewünscht,
dass ich hübsch werde, damit er mich
später vor den vielen Verehrern beschützen kann.

Und natürlich haben sich meine Mama und mein Papa auch gewünscht, dass ich gesund bin, damit wir ganz schnell nach meiner Geburt nach Hause gehen können!

Aber
als ich dann zur Welt kam,
haben meine Mama
und mein Papa geweint
•••

Und das, obwohl ich alles habe, was sie sich wünschten: Die blauen Augen meines Papas, schöne lockige Haare, lange zarte Finger und Füße.

Ich habe sogar eine Sache extra *

Aber warum waren Mama und Papa so traurig?

Wahrscheinlich, weil sie

hatten.

Sie hatten Angst,
dass ich nie ganz gesund sein würde.

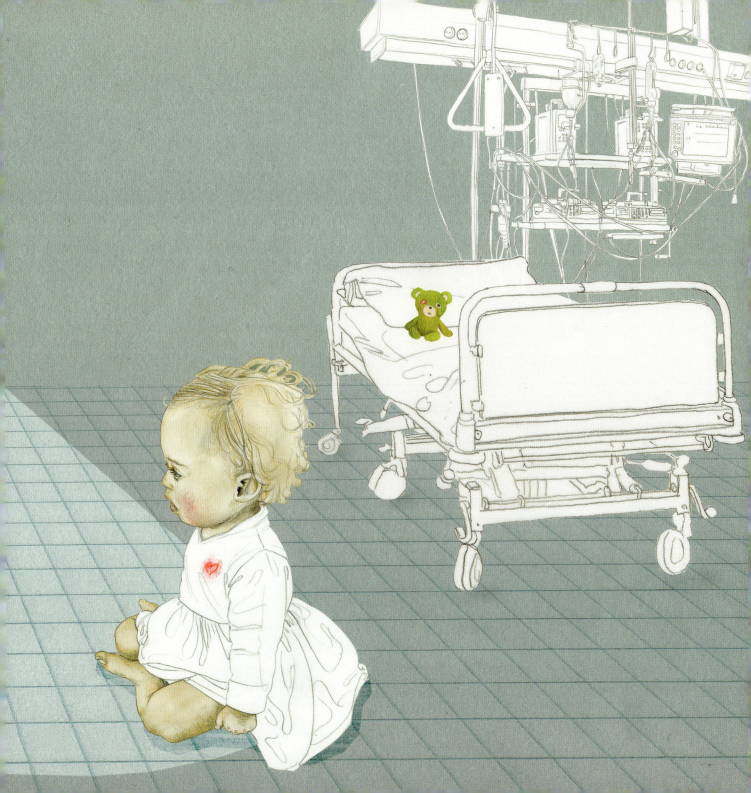

Sie hatten Angst, dass ich nicht gut laufen, sprechen oder rechnen können würde.

Sie hatten Angst, dass ich keine Freunde haben würde.

Sie hatten Angst, dass ich, wenn ich groß bin, nie selbstständig sein würde.

Und dass mich nie jemand lieben und heiraten würde.

Meine Mama und mein Papa hatten Angst, dass ich nie glücklich sein könnte. Und dass sie nie wieder lachen würden.

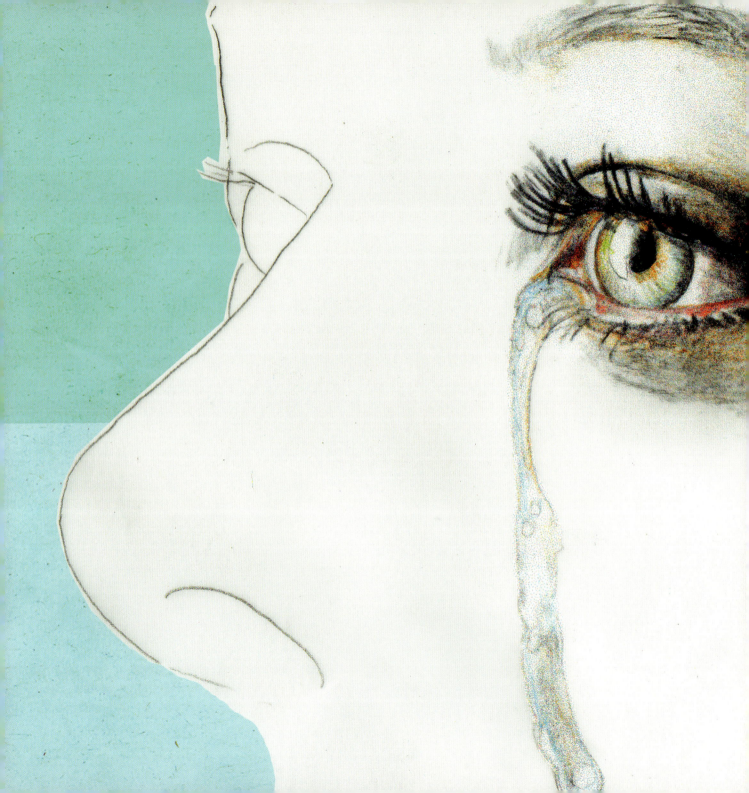

In Wirklichkeit hatten Sie
ANGST

vor dem Unbekannten und vor dem Unwissen.

Aber ich habe keine

AnGst

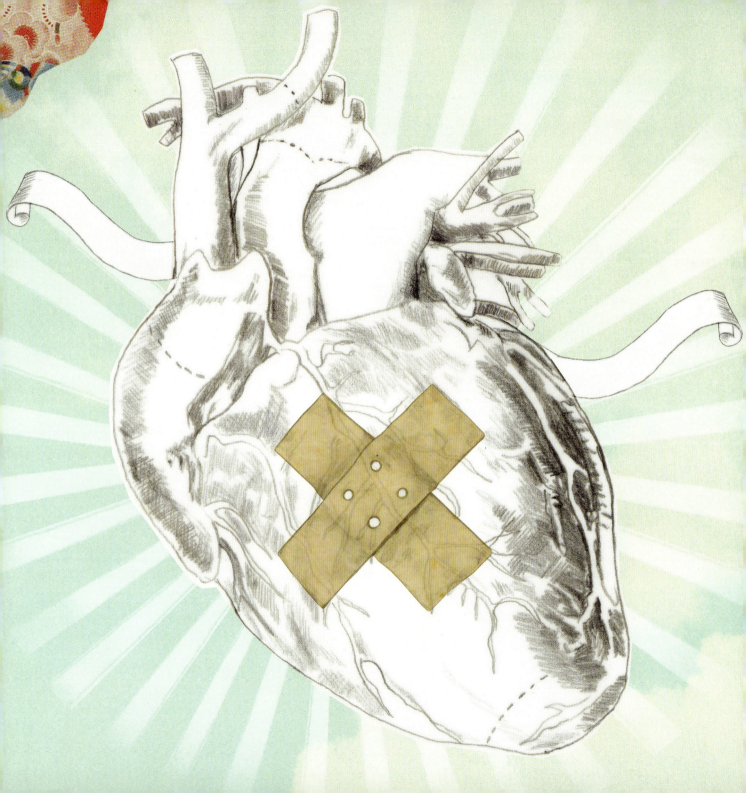

Und als ich im Krankenhaus war, um mein Herz reparieren zu lassen, hat ein lieber Doktor meinem Papa und meiner Mama erzählt, was man heute alles machen kann. Da haben sie nicht mehr geweint. Dort habe ich auch meinen Lieblingsteddy von einem tollen Clown geschenkt bekommen!

BRAVOOOOOOO!

Und als ich meine ersten Schritte gemacht habe,
war mein Papa ganz stolz. Er hat „Bravo! Bravo!"
gerufen und ich habe „Applaus, Applaus" gemacht!
Heute kann ich ihm mit meinen Händen
und ein paar Worten zeigen, was ich will.

danke

bravo

essen

mehr

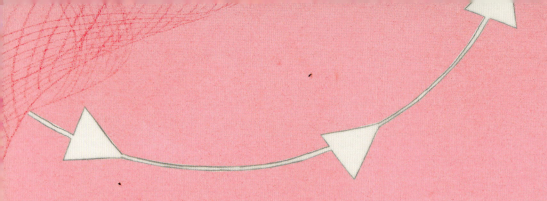

Im Kindergarten liebe ich Singen, Tanzen und Malen.
Und mit Leni, Anouk und Vincent spielen wir immer gemeinsam!
Heute habe ich viele Freunde.

Meine Mama und mein Papa haben heute gelächelt,
weil Leni und ich so gerne miteinander schmusen.
Wenn er mir ein Bussi auf die Wange gibt, umarme ich ihn!
Wir haben uns ganz lieb, der Leni und ich.

Manchmal erzählen meine Mama und mein Papa von einem Lehrer, der in einem anderen Land lebt.
Sie sagen, er sei ein Symbol, denn auch er hat das Down-Syndrom.

Heute gibt es Große mit Down-Syndrom,
die tolle Sachen machen – und auch lustig sind, wie der Lehrer!

Also, ob ich glücklich bin?
Darüber brauchen sich meine Eltern keine Sorgen zu machen.

Denn das bin ich,

Heute lachen meine Mama und mein Papa wieder!
Sie haben keine Angst mehr. Sie lernen, Geduld aufzubringen und feiern jeden meiner kleinsten Fortschritte in das Leben!

Sie sagen jetzt immer zu mir:

DU BIST DA
und du bist wunderschön

Gemeinsam werden wir wachsen.

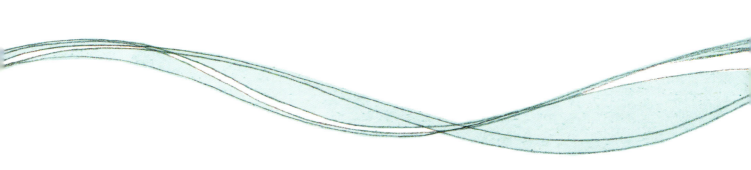

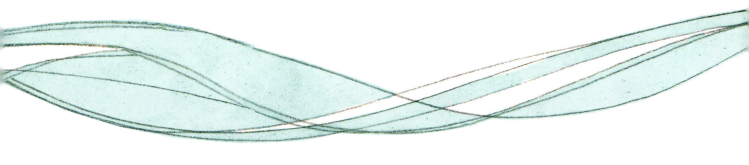

Dank von Evelyne Faye an:

Philipp – für deine grenzenlose Liebe zu deiner Tochter vom ersten Moment an.
Ian – dafür, dass du deine kleine Schwester nicht schonst: „Die Emma war's!"
Maman – für dein unendliches Vertrauen in mich, deine Geduld und deine Stärke.
Inge und Norbert – für eure Liebe zu euren Enkelkindern und eure liebevolle Unterstützung.
Axel und Sona – dafür, dass ihr von Anfang an da wart und für die wunderschönen gemeinsamen Momente.
Brian, John und Pam – dafür, dass ihr auf eure Nichte stolz seid.
Papa – für deine Liebe zu deiner Enkelin, trotz deiner anfänglichen Unwissenheit.
Matéo, Joanna, Anouk, Vincent, Eliot, Chloé und Lucie – für eure total selbstverständliche Liebe zu eurer Cousine.

Heike – für deine Freundschaft und dafür, dass ich dank dir Birgit und Jo mit ins Boot nehmen konnte.
Tink – für deine Freundschaft und deine Hilfe mit den Übersetzungen.
Valérie – für deine Freundschaft und deine Inspiration fürs Leben.
Michi und Mischa – für die schönen Gespräche, das gute Essen und das viele Lachen.
Tino – für deine tolle Hilfe mit den Korrekturen.
Clemens – für die wertvollen Tipps am Anfang.
Angelika – für deine Begeisterung für Emma Lou und deine tolle Unterstützung.

das engagierte Team der Down-Syndrom Ambulanz Wien – für die liebevolle Aufnahme der Familien und die wertvollen Tipps.
die „CliniClowns" – dafür, dass ihr die Kinder zum Lachen bringt und sie für einen Augenblick vergessen lasst, wo sie sind.
das Team der Wiener Hilfswerk-Spielothek – für euren stets warmen Empfang.
alle Ärzte und Krankenschwestern, die trotz der stressigen und anstrengenden Arbeitsbedingungen immer wieder Zeit für ein Gespräch und ein Lächeln finden.
alle Therapeuten, die durch ihre Liebe zu den Kindern und zu ihrem Beruf das Leben der betroffenen Familien erleichtern.
Danke Barbara Lieberzeit.
Franz-Josef Huainigg und Evelyn Pammer – für eure liebevolle Unterstützung.

Und einen ganz besonderen Dank an Emil, Elliot, Tabea, Philipp, Fridolin und Gégé, weil ihr uns jeden Tag zeigt, dass ihr glücklich seid, so oder so.

Birgit Lang und Jo Jacobs danken:

Candy Karl – für ihre Freundschaft und für ihren Beistand bei Gestaltung, Satz und Layout.
Heike Lang – ohne sie wäre diese tolle Zusammenarbeit niemals zustande gekommen!
Maren Boecker – für ihr Engagement, von Anfang an.
Clemens Benke und Wieslaw Smetek für ihre konstruktive Kritik und Hilfe.
Renate Röder und Norbert Blücher für ihre unermüdliche Unterstützung.
Jaime Ortega („Slaughterhouse", Valencia) – für das Drucken der Kapitalen auf seiner alten Handpresse.

unseren Familien und Freunden, die uns in unserer Arbeit und Lebensweise unterstützen
und den Guten in der Welt!

Die Diagnose einer Behinderung sagt wenig über die Entwicklungsmöglichkeiten eines Kindes aus.

Durch Liebe, Geduld und Vertrauen können Wunder geschehen.

Jedes Kind, ob mit oder ohne Beeinträchtigung, ist einzigartig.

Weitere Informationen auf: dubistda.net

Das Buch-Team:

Die Autorin

Evelyne Faye, geboren und aufgewachsen in Paris, zog mit 19 nach Deutschland und studierte dort Volkswirtschaft und Romanistik.

Nach einigen Jahren in der Dokumentarfilmbranche, die zahlreiche Ortswechsel mit sich brachten, kam sie nach Wien, wo sie bis heute in einer internationalen NGO arbeitet.

Im März 2012 brachte sie ihre Tochter Emma Lou zur Welt – mit der Diagnose Down-Syndrom:

„*Diese erste Zeit war seltsam. Einerseits will man nicht mit einer Realität konfrontiert sein, die so fremd ist und die man im Grunde nicht akzeptieren kann – der Kontakt mit Betroffenen macht eher Angst. Andererseits will man sich informieren und verstehen, was es bedeutet.*"

Deshalb dieses Buch: als positive Botschaft für Betroffene. Und für alle anderen, die sich der Vielfalt der Menschen bewusst sind und diese als Bereicherung schätzen.

Denn Glück ist keine Frage der Diagnose.

Die Illustratorin

Birgit Lang lebt und arbeitet als freiberufliche Illustratorin in Hamburg. Sie hat Textildesign an der FH Coburg studiert und nach einem einjährigen Aufenthalt in Toronto/Kanada diplomiert.

Sie zog daraufhin nach Hamburg, um dort nach einem vierjährigen Studium an der HAW Hamburg ihr Diplom in Illustration zu absolvieren. Seither illustriert sie für namhafte Zeitungen und Magazine wie „Die Zeit", „The Globe and mail" (Cnd), „SonntagsZeitung" (Ch), „Maxima" (A), „Brigitte" u.v.a.

Sie zeichnet mit Vorliebe Frauen, Kinder und Tiere. Ihre Figuren suggerieren einen nachdrücklichen Charakter. Sie haben zugleich etwas Kindliches und etwas sehr Ernsthaftes. Die Irritation dabei spielt eine große Rolle.

Ihre freien Arbeiten stellt Birgit Lang regelmäßig international aus.

www.birgitlang.de

Der Designer

Jo Jacobs arbeitet als freiberuflicher Multimedia-Designer und Musiker. Mit seiner Firma j-apps GbR produziert er mobile Spiele und Anwendungen und entwickelt Multimedia-Inhalte für Shows und Theater. Er ist auch verantwortlich für die Umsetzung von „DU BIST DA" als eBook und interaktives Buch.

www.jojacobs.de